Sentimientos sin hilo

Sentimientos sin hilo

Jean Paul Huber

www.librosenred.com

Dirección General: Marcelo Perazolo
Diseño de cubierta: Stefanie Sancassano
Diagramación de interiores: Guillermo W. Alegre

Está prohibida la reproducción total o parcial de este libro, su tratamiento informático, la transmisión de cualquier forma o de cualquier medio, ya sea electrónico, mecánico, por fotocopia, registro u otros métodos, sin el permiso previo escrito de los titulares del Copyright.

Primera edición en español - Impresión bajo demanda

© LibrosEnRed, 2014
Una marca registrada de Amertown International S.A.

ISBN: 978-1-62915-111-3

Para encargar más copias de este libro o conocer otros libros de esta colección visite www.librosenred.com

Prólogo

Con verdadera sorpresa y fruición he leído este espléndido poemario debido a la pluma de un notable jurista: Jean Paul Huber. Me recuerda a los abogados del siglo XIX y entrado el siglo XX quienes, aparte de su brillantez en el ejercicio de la profesión, paralelamente producían excelentes textos de poesía y literatura como parte de su íntima vocación.

Este libro es muy peculiar: el autor nos lleva de la mano, en el alado vehículo de la poesía, por los complejos vericuetos del alma humana, trasladando a la hoja en blanco lo mejor de su estupenda producción poética.

Jean Paul nos ofrece un abanico de pasiones azotadas por las olas de la incertidumbre calando hondo en los estados de ánimo fielmente reflejados en estas extraordinarias páginas.

Jean Paul con su oferta estética busca con su poesía dibujar el rostro y el espíritu de los seres humanos con particular claridad y contundencia, amor y desánimo, soledad y esperanza, navegan en un mar proceloso como queriéndose salir de estas páginas y gritarnos la descarnada verdad de los seres humanos.

Este libro poético sin duda impactará de diversas formas al lector, pero nunca lo dejará indiferente; de ahí su mérito y relevancia estéticas.

Quien repasase estas líneas, estimo, se estará observando en el asombroso espejo de la realidad; una realidad impresa con la mano maestra de este singular poeta: Jean Paul Huber.

Eduardo Luis Feher

Quisiera tantas cosas

Como quisiera abrazarte,
Pero aún no llegas…Como disfruto la espera,
Pero me impaciento…
Cómo quisiera protegerte,
Y hacer un mundo rosa solo para ti…
Cómo quisiera saber tantas cosas para enseñártelas…

Cómo quisiera tener la sabiduría para forjarte…
Cómo quisiera poder ser grande y fuerte como mi padre,
Para poder ser el tuyo con la misma templanza…
Cómo quisiera tener el equipaje listo para la aventura de tu vida…
Creo que cuando te demos la bienvenida,
Tendremos que aprender juntos…

Y, Simplemente hijo mío…
Cómo quisiera…

¡Y cómo me hubiera gustado que llegaras!

Mi gran maestro

Con tu noticia me cambió la vida...
Tan pronto supe que venías,
Mi brújula me guió,
Mi plan de vuelo se centró en ti,
Mi alma aventurera se excitó.

Tantos pensamientos,
Tantas ilusiones,
Tantas añoranzas,
Tantas ganas de cuidarte...
Que el golpe de tu partida ensombreció mi alma.

Aún sin haber llegado,
Me cambiaste la vida...
Porque aún sin haber llegado,
No reclamo nada,
Porque de alguna manera ese instante,
Me hizo sentir diferente,
Me robó el aliento
Y me rozaron mis lágrimas... por ti.

Me hiciste padre en un instante,
Y en un instante te fuiste...
También en un instante me cambiaste...

Jean Paul Huber

Hoy te quiero más,
Amorosa,
Dedicada y tiernamente,
Por lo que enseñas,
Porque apenas entiendo que las obras acabadas están,
Aunque con soberbia piense que el final es el que decido,
Y no el planeado.

Con estoicismo llevo mi dolor,
Con sabiduría me haces sonreír…
Tú, mi pequeño gusanillo,
Mi gran Maestro,
Le sigues dando lecciones a este pupilo necio de tu padre.

Mi tortura, mi realidad

Y así la realidad me golpea de forma agreste…
Nada cabe al asombro,
Y en el asombro todo se asombra.

Moribundos ansiamos no desangrarnos en el camino…
Sin embargo cada detalle,
Cada golpe,
Cada gesto,
Cada agravio reprochado…
Nos proporciona dolor sin límites.

No sé si más allá del dolor inferido y no deseado,
No sé si es justo,
No sé si es en exceso…
Simplemente,
Cuando creemos confiadamente en empezar a cerrar la herida,
Cualquier variación nos recuerda la hemorragia,
La revive,
La reaviva.

Nuestra muerte lenta pareciera inminente…
Ingenuidad que nos mostró incólumes al riesgo,
Nos hizo prometer curar el dolor ajeno…
Dolor ajeno que creamos juntos y que no sabemos cómo soportar…

Jean Paul Huber

Una vez más,
La amenaza de promesas incumplidas devora una parte del alma…

Nuestro demonio nos martiriza una y otra vez…
La realidad me martiriza…
Hace evidente la incongruencia…
Incongruencia a la que no puedo escapar porque los errores condenan…
¿Cuánto dolor más?
¿Cuánta tortura más?

Sigo buscando una salida airosa para reconquistar lo perdido…
Para descubrir lo pendiente…
Para borrar lo dolido…
Para llegar a lo verdaderamente profundo.

Sigo pensando…
Sigo deseando…
Sigo sintiendo amor mío…
Amor mío…
Sigo esperando que toda esta tortura pase…

Espero con ansia de vida que pase y,
Al final del camino,
Aún nos quede sangre,
Aún nos quede vida…

Sigo sintiendo amor mío,
Que esta realidad que es mi tortura…
Ojalá termine, y
Cuando termine…

La vida benévola me enseñe que al final,
Amor mío,
Sigues a mi lado.

Un punto en el camino

¿Hace cuánto?
¿3, 7, 12 años?... Ya ni me acuerdo.
Nos cruzamos en una intersección.
Dos caminos que se unieron en un punto...

¡Ah que inocentes!
Pensamos que éramos invencibles,
Que seriamos para siempre...
Así lo hicimos y trazamos planes en el aire,
Sin saber que la vida nos lleva por caminos diferentes...
¡Qué osadía!
Ignoramos nuestra pequeñez.

Y nuestro encuentro, fue un punto.
Un punto al cual regresamos constantemente,
Hasta que el regreso a la intersección cada vez es más tortuoso,
Más pesado, más agreste, más extraño.

Al final,
Entre el dolor de la pérdida y el de hacerte daño,
Ya no sé qué es lo que más me duele.

Duele más hacerte daño, hacerme daño...
Solo así nos podremos liberar el uno del otro y, al final,
Dejar el recuerdo sagrado de un punto en el camino que siendo inicio,
Creímos final.

De viaje

Disculpa si te ignoro....
Me quede pensando en ti.

Se fue mi mente,
Mi alma y mi espíritu...
Se fueron contigo,
A mundos insospechados,
A lugares secretos,
A vivencias inéditas sin que siquiera te enteres.
¿Trascendencia o inmanencia?
No lo sé…

El viento pasa de largo y mueve las hojas de los árboles.
¿A dónde irá?

Pareciera que me quiere alcanzar.
Cosas tan comunes,
Cosas tan triviales...
Son tan extraordinarias...
Sigo de viaje y regreso de vez en vez, abruptamente, por otro café.

Disculpa si te ignoro....
Me quede pensando en ti.

No me llames

No me llames...
Déjame extrañarte, dijiste.
¡Con tanto tino!
Justo cuando más necesitaba tu hombro.

Así lo hice...
Prometí no llamarte, no buscarte...
Hasta que el tiempo para cerciorarte de los dos,
Hizo que te esfumaras de mi vida.

No me llames...
Déjame extrañarte, dijiste.
¡Con tanto tino!
Gracias amor mío...

¡Ya no te extraño!

Oscuridades

Oscuridad #1

Partiste así, como un suspiro.
Y cual ser de luz que fuiste, así con esa paz, tomaste tu camino.
Tengo el corazón destrozado, mi alma se siente vacía...
Me duele el alma.

Tu ausencia es tan grande que ni siquiera sé que preguntarme.
Me acostumbre a que siempre tenerte... desde que mis ojos vieron la primera luz.
Parco, breve, brillante, genial... Más aún, siempre, siempre sabio.

Me haces falta...
No sé ni cómo, ni cuando...
No sé si acabe esta oscuridad por la que apenas comienzo a caminar hoy, sin ti.

Oscuridad # 2

Hoy amaneció nublado, como dicen, el día está triste.
Me parece tan irrelevante…
Me parece tan indiferente…
La honda tristeza que siento por tu pérdida hace que todo me parezca tan nimio.
Me sigue doliendo el alma.

Oscuridad # 3

Y la vida sigue...
¿Por qué todo parece tan normal, si para mí no lo es?
Hoy el pasar del tiempo me es de una crueldad descomunal.

Mientras más me hundo en mi dolor, todo a mi alrededor sigue...
Como si nada hubiera pasado.
Quisiera gritar para que el mundo se detenga mientras te lloro...
De nada me sirve...

Tú partiste y nosotros nos quedamos a llorarte...
Así nos toca.
Mientras tanto,
Violentamente el pasar de las horas mete la mano en la llaga,
Para hacer el dolor más intenso.

Te extraño.

Oscuridad #4

Odio la cordura.
Cuando la vida golpea, me regresa a la niñez.
Me siento tan frágil,
Tan pequeño,
Tan impotente ante las cosas que no puedo cambiar…

Pensar en vivir el resto de mis días sin ti, me duele…
Me dolerá más vivirlos.
Simplemente quisiera llorar como niño en tu regazo…

Y ahí viene ese adulto a molestarme de nuevo,
A decirme que pasará,
A decirme que me resignaré…
A decirme que hay que sobreponerse…
A decirme quien sabe cuántas tonterías más para ignorar mi dolor…

Nada me importa…
Hoy simplemente, quiero llorar en tu regazo…
Odio la cordura.

Oscuridad #5

Tuve la fortuna de disfrutar a mi padre hasta en su último aliento,
Hoy se fue...
Nada me sirve saber que no sufre, que está mejor...
Lloro porque estoy triste,
Mi corazón está hecho pedazos y no sé por dónde empezar a recogerlos...
No sé si cuando los recoja, me falte alguno que se quede perdido para siempre.
Ahora entiendo y más que entender, vivo lo que es el Valle de Lágrimas.

Oscuridad #6

"Pronta resignación" me desearon...
Entiendo que fue con buenas intenciones,
Pero no me hace falta resignarme,
Conformarme,
Aceptar que te fuiste...

Eso lo sé,
Ya no estás en este mundo,
Ya no estás conmigo,
Simplemente lloro porque estoy triste,
Y quiero llorar hasta que se me acaben las lágrimas.

Oscuridad #7

Nada somos y en nada nos convertimos,
De aquella luz,
De aquella paz,
Ya nada queda.

¿Cómo es posible quedar reducido a nada?

Tu partida me rompió el alma,
Y tus restos así,
Tan diminutos,
Me llevan al azoro,
Me palidecen, y
Me abstraen de la realidad…
Me hacen negarla.

No sé cómo,
No sé cuándo,
No sé si podré asimilar esta honda tristeza,
Para aprender lo que debiera ser evidente.

Oscuridad #8

Tristeza contemplativa me embarga hoy,
El dolor de tu partida lo hice en silencio…
Hoy me dolió más, se clavó en mi pecho…
Y se quedó ahí.

Te pienso, te extraño, te río y te lloro.
Te escribo, te hablo, te recuerdo y te vivo.

Nada hay que me abrace,
Nada que me conforte,
Nada que me aliente,
Nada que me empuje.

No sé si el tiempo sea un aliado para aliviar,
Lo único que sé es que su paso,
Hace mi dolor más profundo…
En tranquilidad te sufro,
En contemplación me entristezco.

Oscuridad #9

Amanecí más tranquilo,
Y me dio miedo,
Porque mi tranquilidad
Me incomoda.

No sé si mi dolor se calme,
O simplemente me acostumbre...
Si mi llanto cese,
O simplemente me evada.

Amanecí más tranquilo,
Y me dio miedo,
Quisiera estar siempre triste,
Para asegurar que nunca te mande al olvido.

Flagelación

¿Cómo no quererte aquí conmigo?
¿Cómo tenerte así con tanto dolor?
Mi amor por ti impidió que lucharan en vano por mantenerte aquí.
Mi espíritu actuó para dejar que te elevaras,
Mi yo, se contrarió...
Mi cuerpo se interpuso al flagelo que quería reclamar tu cuerpo,
En silencio te lloro y te extraño,
En paz te dejo ir
Para que siempre estés conmigo.

Coronación de Espinas

¿Cuánto más dolor?
Ya te fuiste y sin embargo el dolor apenas empieza,
No me es liberador saber que estás mejor.

Me acompañaste toda mi vida,
Me marcaste con tu presencia en cada momento.
Esfuerzos vanos por mantenerte aquí.

Viví tu último aliento… contigo
Te vi hasta que tus ojos ya no pudieron abrirse,
Hasta que tu voz se fue como el viento.

Tus restos me sacudieron para marcar tu partida,
Y la realidad me coronó con espinas,
Para no olvidar mi calvario.

Con la Cruz a cuestas

Tan pronto diste la última exhalación,
Tomé la Cruz sobre mis hombros y comencé mi camino,
El Gólgota me espera y no sé cuánto tardaré en llegar,
No sé cuántos tragos a ese Cáliz debo dar.

Mis primeros pasos con la amargura de tu pérdida,
Sigo caminando con este martirio en mis hombros,
Para compartir a nuestra sangre tu partida…
Para enfrentar mis miedos solo…

Y ahí está mi primera caída…
Mi segunda y mi tercera…
Y así, al irte tú para convertirte en polvo,
Así yo, seguía caminando con la Cruz a cuestas.

No veo la hora que este martirio cese,
No veo la forma de librarme de este peso,
No veo la hora de liberarme de esta Cruz,
Regocijo y martirio en capilla ardiente.

Sigo caminando…
Con la Cruz en tu partida
Con el pesar de presidir tus exequias,
Para en la pena, unirnos una última vez.

Tan pronto diste la última exhalación,
Tomé la Cruz sobre mis hombros y comencé mi camino,
El Gólgota me espera y no sé cuánto tardaré en llegar,
No sé cuántos tragos a ese Cáliz debo dar.

Un milagro

Mi alma quedó vacía con tu partida…
Nada hay que me conforte, que me acaricie
Mi soledad ni siquiera es tuya…
Porque aunque estás, ya no te siento…
Necesito un milagro,
No para creer,
No para entender,
No para sanar,
Ni tampoco para esperar,
Necesito un milagro para saber,
Que en el dolor de tu partida y en el pasar de mis días,
Aún ahí, encontraré consuelo.

Gratitud

No necesitas decir nada,
Simplemente estar...
No necesitas tocarme,
Simplemente prestarme tu hombro para llorar.

Pendiente estás de mi dolor,
Sin decir nada, porque no hay palabras que me conforten...
Tu silencio me ayuda,
Tus pensamientos me acarician,
Tu prudencia me agasaja,
Tu mirada me acompaña,
Tus líneas me halagan.
Tu sonrisa me consuela.

Ante la desgracia e infortunio de la pérdida,
Gratitud a la vida que,
Habiéndose llevado a un padre,
Me regale en ti, velos de seda para descansar mi dolor.

Gratitud a ti, mi amigo por estar aquí,
Porque con nada,
Haces todo para esta alma dolida,
Porque con poco,
Haces demasiado para este corazón acongojado.

Gratitud eterna a ti.

Pecados Capitales

Esta proclividad mía,
Tan humana como mía,
A desear lo deleitable,
A disfrutar la vida,
A identificar los frutos del Edén,
Hace una sutil diferencia en ellos,
Que nos consagra o nos condena.

Mis Pecados capitales,
Que en su cometimiento atropello todo…
¿Qué acaso en la bondad nos excedemos?
¿Qué acaso el ejercicio virtuoso se corrompe?
Tan difícil encontrar el justo medio,
¡Cuanto más el equilibrio en la virtud!

Vivimos, buscando la virtud…
Y temiendo practicarla para que en su práctica,
Encontremos la condena.
Irremediablemente debo caminar…
Los caminos para llegar siempre serán extraños.

Avaricia

Me condeno al cambiar lo temporal por lo eterno.
Sin saber,
En mi lucha cotidiana por seguir,
Me pierdo en el camino y me alejo...
En los parajes ocultos de mi vida,
Mammón me acecha para ilusionar,
Para hacerme querer más y más,
Para inventarme el pretexto de mi evolución.

Amor mío, acumulo más y más,
Me quedo cada vez con más de ti,
Lo aquilato y lo atesoro para que no se desgaste jamás...
Y al final... quiero más
Quiero más de ti, no para ti,
Sino para mí,
Para deleitarme contigo una vez más.

Y al final...
Mi devoción a ti, ensimisma mi alma,
Mi fervor en ti, me aleja de todo,
Mi culto a ti en mí, me condena.

Lujuria

¿Cómo frenar este amor que te tengo?
¿Cómo evitar recorrerte a besos?
¿Cómo liberarme del brillo de tus ojos?
¿Cómo quitar de mi mente la exhalación en tu último instante?

Cómo saber que tú, mi bendición,
¿No me lleva de la consagración a la condena?
Cómo saber que tú, mi regalo de vida,
¿No me lleva de la asunción a la vileza?

Dónde encuentro sabiduría,
¿Para moverme entre San Francisco y Asmodeo?
Para no hacer de ti, mi templo o mi infierno,
Para distinguir entre santificación y mi condena

GULA

De todos los frutos del Edén,
Basta uno para alimento de cuerpo y alma,
Basta solo uno para subsistir,
Basta uno para disfrutar,
Basta cruzar esa línea para que Belcebú aparezca,
Para que en el disfrute me empiece a condenar.

¿Y cómo parar si cuando te descubro,
Comerte a besos es lo que más anhelo?
Y de pronto este templo se convierte…
La condena a mi pecado capital,
La condena está aquí,
Eternamente por ti he de pagar.

IRA

A veces amor mío...
Te amo,
Otras tantas te deseo,
Unas más simplemente te quiero,
Y otras más te odio profundamente, desenfrenadamente.

Nada de calma virtuosa,
Nada de templanza admirable,
Nada de respetar el tiempo,
Nada de llamado a serenarme.

Incitado por Amón,
Reclamo por ti escolásticamente,
Aquí y ahora….
Sin razón y sin medida,
Con el pretexto de la trascendencia...
Esta espera mata,
Esta exigencia me condena.

Envidia

Y cómo no condenarme,
¿Si no te tengo entre mis brazos?
¿Cómo desearle el bien,
Al regazo que te cobija?

No es santidad,
Tampoco es virtud…
Simplemente el no tenerte conmigo,
El saber de alguien más,
Me hace odiar,
Me hace rabiar.

Y así amor mío, prefiero condenarme,
Que esta envidia me empuje al abismo,
Prefiero que Leviatán me arrastre a las profundidades,
A soportar este pesar,
Este pasar de los días contigo lejos, sin ti.

Pereza

Alma entristecida,
Alma rota…
Mi voluntad para dejarlo todo,
Para luchar por nada
Para abandonar mi brújula, mi rumbo…

Belfegor aparece en mis días,
Me roba el aliento,
Me roba la fuerza,
Me roba las ganas,
Me roba el alma.

Amor mío tal es la acidia,
Que nada me importa,
Nada bueno ni malo,
Simplemente me dejo,
Me dejo llevar hasta el abismo.

Soberbia

De vez en vez miro hacia abajo...
Al mundo...
Desde mi paraíso perdido me parecen tan pequeños...
Mis virtudes,
Mis capacidades,
Mis talentos,
Son solo míos,
Únicos...

En mi Olimpo me adoro,
Me auto cultivo,
Nadie me importa,
Son tan diminutos...

Escribo cosas que nadie entiende,
Porque son mías,
Son para mí,
Para nadie más...
Aunque incomode.

Y así en mi orgullo Narciso me parece tan nimio...
Que cuando respiro,
Lucifer me sopla el alma para alimentarme el ego...
Para esconder más y más,
Lo que he perdido.

Jean Paul Huber

Amor mío,
Mi dilema de vida,
Mi soberbia y mi condena son mi orgullo,
No porque que me quieras,
Sino porque te tengo.

Ninfas y Musas

Así me brota la inspiración…
La llegada de la musa me empuja a crear,
Me lleva a sentir,
Me invita a volar.

Basta un gesto de tus ojos para explotar,
¡Oh musa mía! este sentimiento me embarga,
Este sentimiento me rebasa,
Este sentimiento me desborda.

¡Con tanta torpeza!

Que basta una caricia tuya,
Para perder el hilo de la virtud,
Para desconocer la verdad,
Para ignorar que la otrora musa,
Es la ninfa de mi perdición.

¡Con tanta malicia!

Tú mi Nereida,
Que me arrastras a las profundidades,
Lanzas tu emboscada,
Me dejas indefenso,
Me partes en mil pedazos.

Jean Paul Huber

Apenas en el desconcierto me busco,
Trato de encontrarme,
De reunir mis pedazos,
De sanar mis heridas,
Para que al fin recobrado…
Tú mi musa, me ilusiones otra vez con mi talento.

Empiézame a llorar

Empiézame a llorar... dijiste,
Con la sorpresa de lo desconocido,
Con alevosía para el desvalido,
Lanzaste un relámpago que partió mi corazón.

Azoro y desolación me acompañan,
Para recoger los pedazos rotos,
Para hacer de esto una macabra metáfora,
Que me ayude a encontrar paz.

En los rincones de mi alma busco,
En ellos me refugio una vez más,
Tomando fuerza para volver a salir,
Como Ave Fénix una y otra vez.

Hoy no sé cómo emerja ni con cuanta fuerza más,
No sé si sea controlable o contenible,
No sé amor mío si cuando esta herida sane...
No sé amor mío... simplemente no lo sé.

Caído más no abatido estoy,
Dolido pero no destrozado...
Amor mío, mi tiempo y mi herida...
Amor mío no lo sé... simplemente no lo sé.

Jean Paul Huber

Quizás deba comenzar a llorarte,
Quizás deba iniciar tus exequias,
Quizás deba iniciar mi duelo,
Quizás cuando lo acabe,
No me duela decirnos adiós.

Amor mío, no lo sé… simplemente no lo sé.

Templos fatuos

Y yo que hice de ti mi religión…
Me esmeré en cuidarte,
Me esmeré en quererte,
Me esmeré en no tropezarme,
Me esmeré en levantarme,
Me esmeré de nuevo en conquistarte…

Y me rompiste el corazón.

Me equivoqué de nuevo,
Tal vez deba quererte menos,
O tal vez deba dejar de hacer templos fatuos,
Quizás deba frenar mis afectos
O simplemente,
Quererte tal cual eres…
Y prepararme ante la inminencia de un nuevo dolor.

La fiesta de los fantasmas

Seas tú o yo no importa,
Basta cruzar esa puerta,
Para que el macabro baile de los fantasmas comience.

Me toman por sorpresa,
Salen de todos lados,
Me abrazan y me muerden,
Me quieren llevar.

Se me arremolinan,
Me molestan,
Se ríen a carcajadas,
Con lascivia me arrastran sin que pueda hacer nada.

Clamo por tu ayuda amor mío,
Porque esta mascarada la sufro,
Este tormento no es mío,
Es un endoso amoroso.

Espero que este baile acabe,
Que la mascarada sea onírica,
Y cuando regreses y el sueño termine,
Que ningún fantasma se materialice.

Amor mío me acongoja,
Que cuando entres por la puerta,
Y esta Aquelarre termine, sin querer,
Traigas otro fantasma colgado del brazo.

LUCEROS

Así estaba...
Piel tostada, ojos grandes y negros
Que miraban todo,
Mirada profunda y tierna, eran dos luceros.

Pequeña y frágil,
Con su lunar en la mejilla
Con su sonrisa discreta,
Con su inocencia infantil y sus ganas de comerse el mundo.

Tantos bailes y juegos,
Tantas horas interminables,
Tantos escapes imaginarios,
Esos luceros te toman por sorpresa y te llevan quien sabe a dónde.

En lontananza los miro,
Respiro,
Vivo y los agradezco.

Late más profundo

Haces latir mi corazón,
Aunque mi corazón late sin ti,
Late mejor contigo,
Late más profundo.

A ti te dedico una rosa blanca,
Por cada suspiro arrancado,
Por cada latido inesperado,
Por cada temblor de mis piernas sentido.

Dedicatorias expresadas,
Suspiros con destinatario claro,
Humanos bendecidos,
Cotidianamente afortunados.

Haces latir mi corazón,
Aunque mi corazón late sin ti,
Late mejor contigo,
Late más profundo.

Evasión

Desastre de mi vida.
Mientras más me retraigo,
Más me reservo,
¡Cuánto más me desbordo!

Me urge distracción,
Para no estar conmigo,
Para no sentir tan hondo,
Para no escribir lo que escribo.

Quisiera evadirme,
Porque esto de estar conmigo me enloquece,
Me conmino a recuperar la cordura,
Pero no quiero.

Y de pronto...
Ahí estoy de nuevo,
Con este sentimiento profundo,
Con este desborde amoroso.

Palabras necias

Las letras son huecas,
Cuando los sentimientos son profundos,
Las acciones carecen de sentido,
Cuando una mirada lo dice todo.

Palabras mudas,
Ante un alma locuaz,
Llanto profundo,
Remanso de paz.

Descubrí mi locura en una tarde dominical...
¡Demasiada cosa para vivir la semana!
Complejidad para vivir la vida,
Simplicidad para seguir queriendo.

A palabras necias,
Oídos sordos,
A palabras huecas,
Sentimientos hondos.

Advertencia

Te vas a aburrir de mis tonterías,
Hablo poco y siento tanto,
Que las palabras serán las mismas,
Porque las palabras son vanas.

Calla mi boca que habla tanto,
Cállame con un beso,
Cállame con otro más,
Y que la rutina nunca llegue…
Y que en mi desequilibrio encuentre el balance…

Cosa de todos los días

Dime que soy normal,
Que la normalidad es loca,
O que mi locura es normal.

Dime que así somos todos,
Que todos escribimos,
Que todos enseñamos nuestra alma.

Dime que todos vemos un mundo lejano,
Aunque estemos inmersos en él,
Y que nos inventamos el resto de la historia.

Dime que solo es euforia,
Que esto se pasa en un rato,
Que esto, al final...
Es cosa de todos los días.

Reclamo a Morfeo

Y yo que con tanto gusto te recibo,
Y tú que me abandonas tan pronto,
Cada vez tus visitas son más breves,
Apenas para quitarme la jaqueca.

Por más que hago para solazarte,
Tus brazos me dejan pronto,
Cierro mis ojos para atraparte,
Todo es inútil, ya de mi alcoba has partido.

Verte hoy

Fue bueno verte hoy,
Fue mejor tocarte
Y más aún besarte.

Fue bueno verte hoy,
Fue mejor besarte,
Y más aún quererte por primera vez.

Fue bueno verte hoy,
Fue mejor halagarte
Y más aún regalarte el corazón.

Llamados

Llamado a la mesura,
A imponer límites,
Admonición absurda,
En todo aquello que no quiero.

¿Cómo limitar este sentimiento mío,
Si los prolegómenos de mi culto amoroso apenas comienzan?
¿Cómo evitar el inicio del ceremonial a Eros,
Si el templo se halla en ti?

La mesura carece de sentido,
Cuando se trata de esto que late dentro de mí.

La prudencia no existe…
¿Y la calma?, me pregunto…
Si acaso, para besarte tiernamente.

Lluvia de estrellas

Fue noche verdaderamente extraordinaria,
Mi paso por el desierto me regaló un manto estrellado...
Y de repente estabas tú,
En mi mente,
En mi alma,
En mi pecho
Y con abuso, aceleraste mi corazón.

Pensé que podría líbrame de ti,
De tu recuerdo,
De tu voz,
De mis nervios
De mi deseo.

¡Ingenuidad la mía!

Con tanta fuerza,
Con tanta magnificencia,
Que con esa lluvia de estrellas te metiste en mí...
Para no salir jamás.

Resaca

Amanecí sediento,
Esta resaca me mata,
Siento los estragos en mi cuerpo,
Deseos de mi alma.

Quiero volverme embriagar,
Para calmar este tormento,
Quiero volver a tomar,
Del elixir de tus besos.

La vida es cruel

No importa cuánto llegues a flotar,
Mientras más lo hagas...
Más dura será tu caída.
Siempre será sorpresiva y siempre será tu condena.

La vida es cruel...
Porque el humano es sensible,
La vida es cruel,
Porque basta ilusionarte un momento,
Para que la dosis de realidad te haga la partida.

Te verás caído,
Te verás lastimado,
Tal vez hasta derrotado...
Mientras más profundo caigas,
Las carcajadas malévolas de tu suerte retumbaran por todos lados.

La vida es cruel porque así la quieres,
Porque así es...
Una fiesta funesta que hará de ti,
De tus afectos,
De tus musas,
De tus glorias,
El objeto de su burla.

La vida es cruel porque al final,
Basta que te sientas libre,
Para que te recuerde el yugo al que estás sometido,
El que te aplasta,
El que te pesa,
El que te asfixia y te atormenta,
Del que no te puedes liberar.
La vida es cruel por que basta que comience la alegría,
Para que te arrastre a la oscuridad de nuevo,
Para que te golpee con otra verdad,
Para que te golpee con tu incongruencia,
Para que te golpee contra tu voluntad.

La vida es cruel porque siempre,
Inesperadamente,
Secretamente,
Confiadamente,
Te hará abrirte de par en par,
Y ahí descubrirá tu flanco vulnerable para volverte a torturar.

Pompas fúnebres

Hoy decidí no escribirte,
No te lo mereces,
Tampoco me lo merezco,
Y menos aún lo deseo.

Mientras la paso mal aquí,
Pensando en ti,
Imagino que tú,
Estarás riéndote a carcajadas.

Lamento porque me dueles,
Llanto porque te quiero,
Dolor porque es otra pérdida,
Mi pérdida... una más.

Actuar en consecuencia debo...
Organizar tus pompas fúnebres.

Habrá que meter tu cuerpo,
Tu alma y aliento,
En aquel ataúd para ya no llorarte,
Para ya no extrañarte,
Para que ya no me inspires,
Para que ya no me hables,
Para dejarme morir con gusto.

Huye de mí

Huye mientras puedas,
Aléjate de mi alcance,
Corres peligro de muerte,
Si te alcanzo…
No podré frenar mis ímpetus de tormenta,
Ni tampoco mis deseos furtivos.

Huye de mí antes que sea demasiado tarde,
Seré absolutamente desalmado,
Puede que no me detenga,
Hasta que clames por respiro…
Puedo ignorar tus súplicas y prolongar tu agonía…
Puede que te ahogue y mueras lentamente en mis brazos,
Con mis besos.

Alma rota

Desgracia la mía,
Torpeza en mi corazón de nuevo...
Apenas te empecé a querer,
Tan pronto me rompiste el alma.

Me dueles

Me dueles porque no estás
Me dueles porque te has ido,
Me dueles porque te extraño,
Me dueles porque huiste de mí.
Para refugiarte en otro regazo,
Me dueles porque te ríes,
Me dueles porque me ignoras…

Me dueles más porque te quiero.

Ironías

Apenas amanece y quiero verte,
Apenas te veo y quiero besarte,
Apenas te vas y ya te extraño,
Apenas el cielo me sirve para buscar mi lucero...

Esta ironía de vida me cimbra,
Porque nada parece estar en orden,
Porque basta tener algo para anhelar lo siguiente...

¿Acaso nada me conforma?
¿Acaso nada me llena?
Amor mío,
Este dilema de vida me hace separarme de ti para añorarte,
Este dilema de vida me hace lastimarme para reclamar por tu aliento.

Desmemoria

Y yo que te sentí todo el día,
Tú que me inspiraste por horas,
Y yo que me guardé el momento,
Y al final...
Ya no te recuerdo.

NECEDAD

Y porque si no lo quieres,
¿Te destino mi aliento?
Porque si no me extrañas,
¿Te pienso en mis días?
Porque si no me sabes,
¿Ilusiono a mi alma?
Necedad la mía de tirar el tiempo con mi vida.

Presencia

¿Cómo no dedicarme a ti?
Si cuando te vi me cimbraste,
Si en mi oscuridad me arropaste,
Si en mi desgracia me acompañaste,
Si en mi dolor me sanaste.

¿Cómo no honrarte?
Porque sin palabras me confortaste
Porque sin decir nada,
Me consolaste,
Porque simplemente por estar,
Me sostuviste.

El canto de la sirena

Sirena calla tu canto,
Siempre es un deleite,
Siempre es un engaño.

No importa quien seas,
Ni cómo te llames,
Tampoco importa tu cara,
Menos aún si fuiste o serás,
Tus trampas siempre son las mismas.

Huyo de ti,
Porque me refugio en mí,
En mis compañeros de viaje,
En el consejo de mis viejos,
Para ya no escucharte,
Para ya no desearte,
Porque quererte será siempre mi perdición.

Sirena calla tu canto,
Siempre es un deleite,
Siempre es un engaño.

Absolutamente Irresponsable

A mí ni me mires,
No tengo nada que ver,
No importa lo que digas,
Ni cuánto me quieras.

A mí ni me mires,
No tengo explicación que darte,
Ni quiero cargar con culpas,
Soy absolutamente irresponsable.

Absolutamente irresponsable de tu locura,
De tu cariño,
De tus deseos,
De tus afectos.

No es justicia amor mío,
Yo no pedí nada,
Yo no escogí nada,
Simplemente me dejé llevar para quererte.

A mí ni me mires,
No tengo nada que ver,
No importa lo que digas,
Ni cuanto me quieras…

Soy absolutamente irresponsable.

Preludio de un funeral

Acordes oscuros se escuchan,
Es el preludio del funeral,
Emisarios de la muerte me acompañan…
Vengo al anuncio del fin,
Vengo a anunciarte la muerte de los dos.

Esta vida que tuvimos juntos,
Simplemente se fue,
Simplemente se esfumó,
Se fugó por la ventana de una cálida mañana.

Nada que reclamarte,
Si acaso el haber hecho tu vida,
De mi vida,
Confundiste tu camino con el mío.

Pensaste fundirte conmigo,
¡Gran error, amada mía!
Porque yo no ando tu camino,
Y tú… no entiendes mi proyecto.

Con la dureza de la pérdida,
Con el sopor de la sorpresa,
Te proporciono dolor sin límites,
Te vengo a decir Adiós.

Jean Paul Huber

Sé que esto te mata,
Y no sé qué sea lo que más me duele,
Si matarte amorosamente,
O saber que tu verdugo… soy yo.
Eso me duele,
Me dueles porque te quiero,
Porque te quiero te dejo,
Porque me quiero te desangro,
Porque nos quisimos,
Con lo poco que nos queda,
Y con este vacío que nos ahoga,
Debemos decirnos adiós.

Diario de Guerra

Amor mío te pienso y extraño,
Apenas nuestra primera batalla,
A la cual recurro para inspirarme,
Para idear mi siguiente ataque.

Pienso tomarte por sorpresa,
Emboscarte hasta penetrar tus defensas,
Y ahí desde tus dominios,
Pienso conquistarte.

A la distancia nos miro,
A la distancia te sueño,
A la distancia nos imagino…
Cuán desconocido es el territorio,
Cuán grande es mi siguiente empresa.
Jugando en claroscuros,
Maquino mi siguiente embestida,
Esta vez no habrá indulto,
Ni habrá misericordia,
Hasta que al final Amada Mía,
Depongas tus armas y bajes tus barreras,
Te rindas en definitiva ante mí…
En esta lucha que es por ti.

Mientras duermes

Mientras duermes,
Yo te pienso, te extraño, y te cuido.
Estas cosas que me pasan a cada rato,
Mientras tú, simplemente duermes...

En el pasar de estos días que no estás,
Me sirvo de mi soledad para confortarme,
Para esperar tu regreso con paciencia que no sé de donde saco...
Me lleno los ojos de paisajes para ti,
Descubro lugares secretos para llevarte,
Busco aromas, sabores y cosas para dártelas en mi siguiente beso.

Amor mío esta espera no es tortura,
Porque esta ausencia la disfruto,
Porque en ella preparo lo nuestro,
Ansioso de tu llegada estoy.

Amor mío llega pronto,
Para poner mi corazón contento,
No es tortura son mis ganas,
De tenerte otra vez,
Para llevarte a volar de nuevo.

Mientras tú duermes,
Yo suspiro, te añoro, te contemplo....
Estas cosas que me pasan a cada rato,
Mientras tú…
Simplemente estás dormida.

La distancia

La distancia es injusta,
Es traicionera,
Es engañosa...
Apenas te conozco y ya te quiero,
Apenas te quiero y ya te extraño.

Esta locura demencial de imaginarme cosas,
De crearme cosas,
De sentir sin saber nada...

Nada es real porque a la distancia todo es espejismo,
Ni un ápice de ti me dice nada,
Solo la distancia me conforta,
Porque en ella deposito mis ilusiones,
Para perderlas en el horizonte...
Y tu...
Al final...
Quizás ni si quiera me correspondes,
Porque quizás ni siquiera me sientes...

Todo pasa por mi mente,
Por mi alma y mi corazón,
Este embeleso de vida,
Que con tan poca cosa,
Me armo toda nuestra historia.

ÁNGELES

Aparecieron de repente,
Sin pedirlos,
Sin saber,
Sin siquiera notarlos…

Tres ángeles que brotaron de la nada,
Me ofrecieron todo sin decirlo,
Me tocaron con su sola mirada,
Me elevaron para calmar mi dolor…

Tres ángeles tocaron a mi puerta,
Les abrí mi corazón,
Me acompañaron en lo oscuro,
Me bendijeron con su presencia…

Regalo divino en esta vida,
Oda al enfermo y dolido del alma,
Caricia pura e ingenua…
Me llenan de dicha y de calma…

Ante su inminente partida,
Sin duda los voy a extrañar.

¡Ay Musa mía!

¡Ay Musa mía!
Qué difícil es complacerte,
Dame creatividad para quererte,
Dame pasión para adorarte.

Ya no sé qué hacer,
Ni que más inventar,
Esta alma mía a veces se yerra,
En destinarte las caricias equivocadas.

No sé si será ternura,
Si será arrebato
O pasión desenfrenada…
Ya no quiero escoger ninguna,
Ante la incertidumbre de tus deseos,

¡Ay Musa mía!
Prefiero dedicarte todas mis caricias,
Propinarte cuánto beso se me ocurra…
Cuanta caricia me salga…
Para cada momento de tus anhelos.

¡Ay Musa mía!
Toma lo que quieras,
Lo que apetezcas,
Que yo te doy todo…
Para que permanezcas a mi lado.

¿TE DIJE QUE TE QUIERO?

Amor mío,
¿Te dije que te quiero?

No lo sé,
No lo recuerdo,
Porque lo siento tanto,
Lo siento tan fuerte,
Lo siento tan dentro…
Que por sentir tanto,
Hablo tan poco…

Amor mío,
¿Te dije que te quiero?

Demonios

Pasa la vida y apenas me conozco...
Aún no sé cuántos demonios tengo,
Unos los traigo colgados,
Otros de repente se asoman,
Y otros más simplemente no los he visto...

Tengo un demonio por cuidarte,
Ese siempre lo veo,
Otro más por protegerte,
Ese es peor que el primero,
Porque nunca se va,
A veces me confunde,
Y ayudando me pierdo...

Un demonio de celos,
Que casi siempre controlo,
Aunque a veces se rebela.

Otro más que se traga mi enojo,
Me calla y me atraganta de todo,
Mal día siempre que exploto,
Cuando escupo todo lo contenido...

El de la envidia no me preocupa,
Si acaso lo percibo en mis ratos de ocio,
Y el de la soberbia,
A cada rato cuando me aburro…

Aún no sé cuántos demonios tengo,
Unos los traigo colgados,
Otros de repente se asoman
Y otros más…
Juguetean mientras escribo.

Gárgolas

¡Qué rara es la gente!
Más aun la naturaleza humana…

Odas a la belleza,
A la musas,
Y al final…
Hasta en las cosas más horrendas,
La gente encuentra belleza.

No sé si es falta de tacto,
Sensibilidad ausente,
Despropósitos de vida,
O descuidos de conciencia,
Porque habiendo muerto el ser amado,
La gente disfruta sus exequias…

Dime que no estoy dormido,
O que es una broma de mal gusto,
O que es un sueño de esos torcidos,
Porque de verdad ya nada entiendo …

Me falta entendimiento,
Para encauzar mi sentimiento…

¡Qué cosa más absurda!

Quizás me falten más metáforas...
O deba empezar a degenerarme,
Para disfrutar con gozo del dolor,
O para confortarme con la venganza...
Tal vez sea algo más simple...
Y es que aún no sé por qué me empiezan a gustar las
Gárgolas.

La locura

Amor mío tengo miedo,
Porque esta locura apenas comienza
No me sigas,
Temo arrastrarte conmigo,
Y cuando la locura nos corrompa,
Tal vez te deje ahí,
Y yo, me siga enloqueciendo…

Amor mío tengo miedo,
Porque esta locura me envenena,
No me sigas,
Temo intoxicarte conmigo,
Y cuando la locura nos seduzca,
Tal vez te enamores de mí,
Y yo, me siga enloqueciendo…

La risa

Por semanas me ahogué en llanto,
Y hoy apenas me reí a carcajadas,
Detalles tan ocurrentes,
Jugarretas mentales,
Ruptura de la lógica,
Para al final...
Acordarme que aún estoy vivo.

Debería reírme más seguido,
Para no morir a diario,
Para no recorrer este tortuoso camino...

Debería reírme más seguido,
Para compartirte mis tonterías,
Para que te rías también conmigo,
Y al final para saber que sólo por una noche,
A tu lado me siento vivo.

El abrazo

Te fuiste en ese suspiro
¡Tan mala fortuna la mía!
Que negarte tres veces fue inútil,
Te seguí negando hasta que te arrancaron de mi lado…

Me fundí en abrazo con los míos para llorarte,
Abrazo con los tuyos…
Abrazo endeble de todos para no caernos…
Abrazo íntimo para decirte adiós.

Traducciones

Sonrío...
Porque quisiera hablarte.
Te miro...
Porque quisiera tocarte
Te extraño,
Porque quisiera que estés aquí... Conmigo.
Te quiero...
Para que nunca me pase el enamoramiento,
Te amo...

¿Y que hago con esto?

Cuán difícil es decir lo que siento...
Para no caer en tus brazos por siempre.

Deseos fugaces

Y yo que me creí invencible,
Yo que me pensé en control,
Y de repente...

Mis deseos fugaces se esfumaron,
Mis sentimientos afloraron...

¡Mala jugada de la vida!

Que habiéndote pensado para un rato,
Me robaste el corazón.

Paraíso en Agonía

Buscando compartir el mundo,
Te busqué,
Te encontré
Te conquisté...

Y así, pasaron mis felices días
Para perderlos después...
Esta costumbre voraz,
Esta costumbre que mata hasta los más caros propósitos de vida...

Compañeros de vida creímos ser,
Al final quedamos reducidos a nada,
Nuestro paraíso en agonía ya ni siquiera nos ilusiona...
Al final una vulgar cohabitación nos mantiene...
Al final hemos llegado quién sabe desde hace cuánto.

Somos verdugos de lo nuestro,
De todo aquello que creímos tesoro,
Nos bastó solamente vivir para dilapidarlo en un momento...
Para dilapidar nuestra vida
Juntos al lado del otro,

Con el desamor de nuestro egoísmo...
Amor mío, esta vida a tu lado me mata,

Esta vida a tu lado me desangra lentamente...

Corazón vacío

¿Cuanto castigo más tendré que aguantar?
¿Cuánto faltará para desangrarme por completo?
¿Cuánto más para morir?

Este corazón mío que quiere,
Este corazón mío que se llena…
Para quedar vacío de nuevo.

Cada paso me pesa,
Cada momento me duele,
Cada fracaso me mata.

Oscuridad de mi alma,
Dolor de mis días,
Agonía interminable,
Con este corazón vacío,
Simplemente estar… me aniquila.

Hemorragia del alma

Y se me va la vida de las manos,
Sin que pueda detenerla,
La hemorragia de mi alma brota a borbotones,
Anuncia mi muerte inminente.

Incólume me mostré ante el riesgo,
¡Cosa más estúpida!
Bastó un golpe certero,
Para sacudirme por completo.

Cambió mi mundo,
Se movió mi alma,
Se rompieron mis horas.

Se esparció mi vida como polvo…
Y se perdió en el viento para no volver jamás.

Dejando pendientes

Vamos por la vida…
Viviendo…
Y sin saberlo,
Vamos postergando…

Postergamos los días,
Postergamos las horas,
Postergamos afectos,
Postergamos caricias,
Postergamos amores,
Postergamos todo…

La vida se escapa,
En un suspiro se acaba,
Y nosotros seguimos dejando pendientes,
Como si la vida esperara por nosotros eternamente…

Postergamos nuestra ignorancia,
De que a ratos,
Seguimos muriendo.

Tengo tantas cosas

Tengo tantas cosas,
Que a veces me olvido de lo afortunado que soy.

Tengo gente me quiere,
Otra que es más prudente y no molesta...

Tengo lágrimas a flor de piel,
Como para nunca acabar de llorar...

Tengo un perro encimoso,
Que siempre se duerme sobre mí...

Tengo el aire frío de la mañana,
Que me hace sentir vivo...

Tengo locuras que nadie entiende,
Aunque algunos amablemente las disimulen...

Tengo el mal hábito de hacerme introspección,
Para enloquecerme cada día...

Tengo gente que cada día me quiere menos,
Gracias a la fuerza de la costumbre...

Tengo un corazón grande,

Jean Paul Huber

Que se rompe a cada rato,
Y por si fuera poco…
A mi alma le faltan pedazos que nunca encuentro para volverlos a pegar…

Me pasan los días así,
Con estas cosas extraordinarias…
Tengo tantas cosas,
Que a veces me olvido de lo afortunado que soy.

Así eres

Nunca he dicho que seas mala,
No lo eres...
Quizás un poco cruel a veces,
Otras más, impertinente,
Y otras de verdad que no te entiendo.

No creo en tus malas intenciones,
Porque aún te quiero,
Si acaso eres insensible...
O tal vez es que tienes buena puntería,
Siempre que no lo necesito...
Das justo en el blanco con los más desatinados disparates...

¡Vaya forma de demostrarme tu cariño!

Me atrapaste

Me miraste y me atrapaste...
Con esos grandes ojos
Con esos ojos negros,
Esa mirada brillante,
Y esos gestos que sin decir nada,
Me dicen todo.

Esa fuerza de tu paso,
Si acaso, más fuerte que la caída de tu pelo,
Esa sonrisilla de medio lado...
Ese miedo a sentir tanto,
Y a decir menos...
Esa risa para evadirme,
Esos llamados a la calma y al autogobierno,
Para no perdernos como quisiéramos...

Me miraste y me atrapaste,
Amor mío,
¡Nunca dejes que me escape!

Caminos

Estas tonterías de mis caminos...
Que me empeño en seguir a mi corazón,
Y me lleva por los caminos más extraños...

¡Siempre salgo tan maltratado!

A veces me duele más el cuerpo que el alma...
A veces me duele más el alma que el corazón...
A veces simplemente quisiera no sentir tanto dolor...
A veces simplemente...

Me ilusiono con encontrar una caricia que me diga que no me dolerá más...

Para poder morir tranquilo.

¿Porque te quiero tanto?

¿Porque si te quiero tanto no me dices nada?
Me dejas que interprete tus ojos,
Pero me evades la mirada,
Parezco adivino,
Y soy tan malo para serlo...

¿Porque si te quiero tanto dejas que me exponga?
Me dejas que te diga tonterías,
Que me desespere por saber que piensas,
Por saber que sientes,
Y soy tan ciego para verlo...

Porque si sabes que te quiero tanto,
¿No me callas con tus besos?

Los elefantes

¡Cómo me molestan esos elefantes cuando estoy conmigo!
Hacen mucho ruido,
Salen al desfile,
Empiezan a hacer sus trucos,
Se paran de cabeza,
Me empujan y se mofan,
Me distraen de mí...

¡Este circo de la vida cómo es molesto!

Entre piruetas y espectáculos,
Nadie se preocupa por nada,
Todo mundo anda en la función,
Nadie quiere que se acabe,
Para no volver a su abandono...

¡Cómo me molestan esos elefantes cuando estoy conmigo!

Índice

Prólogo 5

Quisiera tantas cosas 6

Mi gran maestro 7

Mi tortura, mi realidad 9

Un punto en el camino 12

De viaje 14

No me llames 15

Oscuridades 16

Oscuridad #1 17

Oscuridad # 2 18

Oscuridad # 3 19

Oscuridad #4 20

Oscuridad #5 21

Oscuridad #6 22

Oscuridad #7 23

Oscuridad #8 24

Oscuridad #9	25
Flagelación	26
Coronación de Espinas	27
Con la Cruz a cuestas	28
Un milagro	30
Gratitud	31
Pecados Capitales	32
Avaricia	33
Lujuria	34
Gula	35
Ira	36
Envidia	37
Pereza	38
Soberbia	39
Ninfas y Musas	41
Empiézame a llorar	43
Templos fatuos	45
La fiesta de los fantasmas	46
Luceros	48
Late más profundo	49
Evasión	50
Palabras necias	51

Advertencia	52
Cosa de todos los días	53
Reclamo a Morfeo	54
Verte hoy	55
Llamados	56
Lluvia de estrellas	57
Resaca	58
La vida es cruel	59
Pompas fúnebres	61
Huye de mí	62
Alma rota	63
Me dueles	64
Ironías	65
Desmemoria	66
Necedad	67
Presencia	68
El canto de la sirena	69
Absolutamente Irresponsable	70
Preludio de un funeral	71
Diario de Guerra	73
Mientras duermes	74
La distancia	76

Ángeles	77
¡Ay Musa mía!	78
¿Te dije que te quiero?	79
Demonios	80
Gárgolas	82
La locura	84
La risa	85
El abrazo	86
Traducciones	87
Deseos fugaces	88
Paraíso en Agonía	89
Corazón vacío	90
Hemorragia del alma	91
Dejando pendientes	92
Tengo tantas cosas	93
Así eres	95
Me atrapaste	96
Caminos	97
¿Porque te quiero tanto?	98
Los elefantes	99

Editorial LibrosEnRed

LibrosEnRed es la Editorial Digital más completa en idioma español. Desde junio de 2000 trabajamos en la edición y venta de libros digitales e impresos bajo demanda.

Nuestra misión es facilitar a todos los autores la edición de sus obras y ofrecer a los lectores acceso rápido y económico a libros de todo tipo.

Editamos novelas, cuentos, poesías, tesis, investigaciones, manuales, monografías y toda variedad de contenidos. Brindamos la posibilidad de comercializar las obras desde Internet para millones de potenciales lectores. De este modo, intentamos fortalecer la difusión de los autores que escriben en español.

Ingrese a www.librosenred.com y conozca nuestro catálogo, compuesto por cientos de títulos clásicos y de autores contemporáneos.

www.ingramcontent.com/pod-product-compliance
Lightning Source LLC
Chambersburg PA
CBHW020950230426
43666CB00005B/258